한국사능력검정시험 초급편 **한국사특강**

01 조선 후기 사회

25강 | 농업과 상업의 발달
26강 | 신분제 흔들흔들
27강 | 실학의 등장
♣ 정리학습문제

병자호란	소현세자 천주교 서적 수입	하멜 제주도 표착	상평통보 주조
1636	1645	1653	1678

25강 농업과 상업의 발달

조선 후기 농업과 상업의 발달을 정리합니다.

25-1 조선 전기와 후기를 가르는 기준은 무엇인가요?

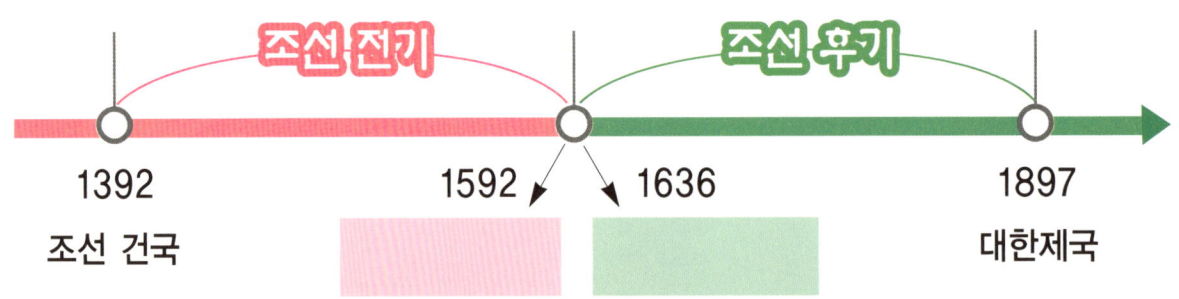

25-2 다음 그래프가 어떠한 상황을 보여 주고 있는지 설명해 보세요.

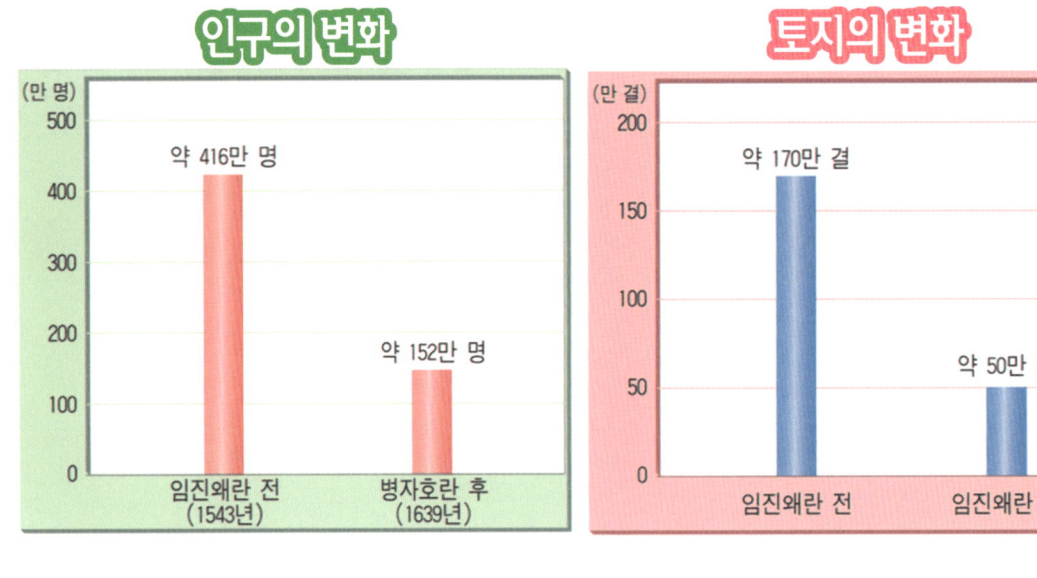

인구

토지

25 - 3 양 난 이후 조선의 농민들은 황폐해진 농촌을 되살리기 위해 새로운 농업 기술을 개발하여 농업 생산력을 높였습니다. 조선 후기에 새로 개발된 다음 농사 기술이 무엇인지 쓰고 설명해 보세요.

○○○○법

○○○법

25 - 4 다음 그림과 사진이 무엇인지 쓰고, 상업의 발달과 어떠한 연관이 있는지 설명해 보세요.

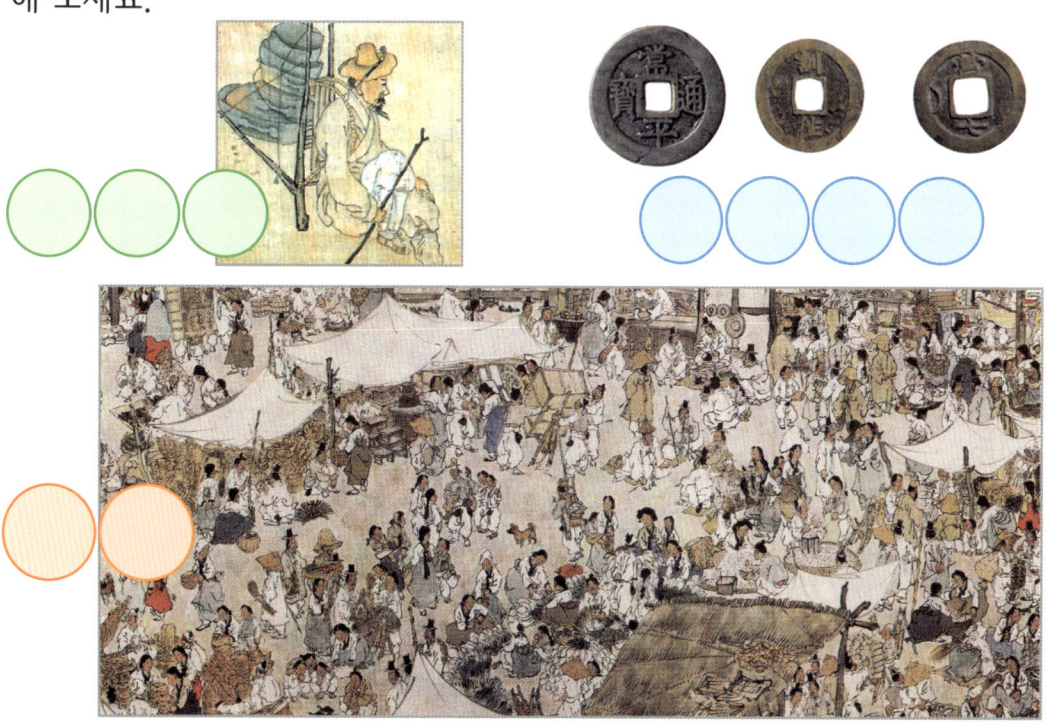

○○○ ○○○○

26강 신분제 흔들흔들

조선 후기 신분제의 변화를 정리합니다.

26-1 전쟁 중 공을 세운 사람이나 곡식을 바친 사람에게 그 대가로 다음 증서를 주었습니다. 이 종이만 있으면 누구나 양반이 될 수 있었습니다. 이 종이의 이름은 무엇일까요? 또 여러분은 친구 중 누구에게 이 문서를 주고 싶은가요?

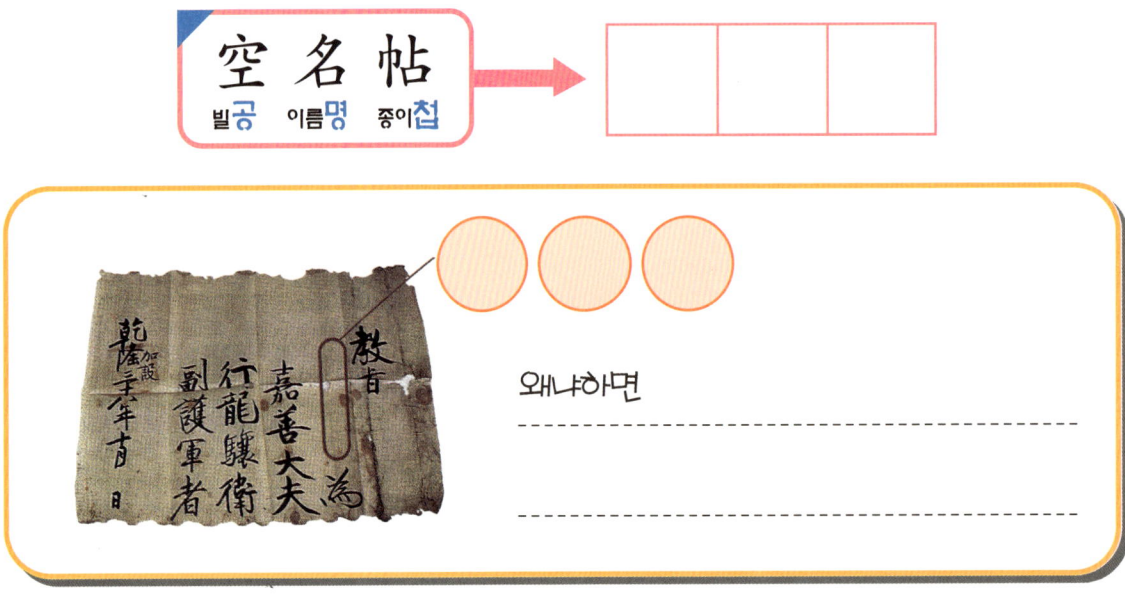

空名帖
빌공 이름명 종이첩

왜냐하면

26-2 다음 그래프가 뜻하는 내용이 무엇인지 설명해 보세요.

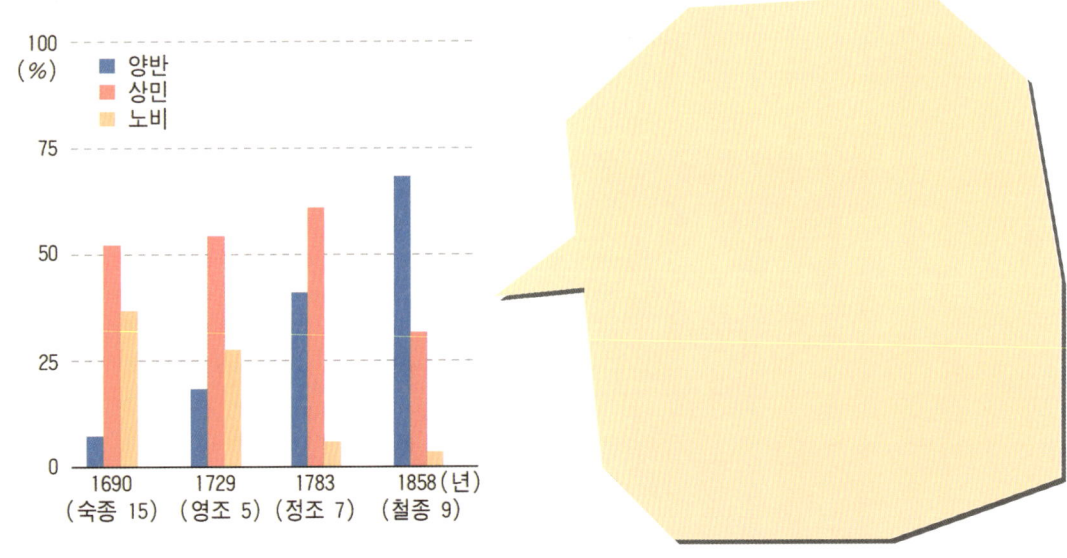

26 - 3 열두 고개를 풀면서 조선 후기 사람들의 생활 모습을 정리해 봅시다.

경제생활

START → 양난 이후 백성들은 식량 부족으로 살기 힘들었어. ○○을 걷지 못해 나라 살림살이도 어려웠지.

↓

어려움을 해결하기 위해 농민들과 나라는 많은 노력을 했어.

↓

조선 후기에는 어린 모를 길러 논으로 옮겨 심는 농사법인 ○○○○이 널리 퍼졌어.

↓

○○○○으로 수확량이 늘어났고, 잡초를 뽑는 횟수를 줄여 일손을 줄일 수 있었지.

→ 많이 생산하게 되니 먹고 남은 것을 팔아 돈을 버는 부자 ○○이 생겨났어.

↓

인삼, 담배, 채소 등의 작물들을 팔면 많은 ○을 벌 수 있었어.

↓

채소, 곡식, 여러 물건을 사고파는 사람이 늘어났고, 곳곳에 ○○이 서기 시작했어.

↓

장이 발달하면서 ○○의 사용도 점차 활발해졌단다. 이때 사용한 화폐를 ○○○○라고 해.

신분질서

나라에서는 부유한 백성들에게 돈, 곡식을 받고 ○○○이라는 문서를 만들어 팔았단다.

↓

공명첩으로 양반이 되는 사람이 늘어나면서 조선 후기 ○○의 숫자가 크게 늘어났어.

↓

이제 조선에는 부자 상민, 가난한 상민, 가난한 ○○이 생겨나게 되었어.

↓

이 때문에 조선 후기에는 ○○ 제도가 흔들리기 시작했어.

여기서 잠깐! 조선 후기 여성의 삶은 어땠을까?

조선 후기에는 유교가 생활 속에 넓게 퍼지면서 조선 전기에 비해 여성에 대한 차별이 더욱 심해졌어요. 남녀유별을 강조하였고, 여성은 평생 동안 아버지, 남편, 아들을 따라야 한다는 삼종지도를 지켜야 했답니다.

27강 실학의 등장

조선 후기에 등장한 실학에 대해 정리합니다.

27-1 실학의 뜻을 말해 보세요.

實 學
열매실 학문학

27-2 다음 글에서 조선 후기 백성들의 힘든 생활이 드러난 부분을 찾아 밑줄을 긋고, 실학이 등장하게 된 배경을 설명해 보세요.

> 시냇가 헌 집 한 채 뚝배기 같고
> 찬바람에 이엉 걷혀 서까래만 앙상하고
> 묵은 재에 눈이 덮여 부엌은 차디차고
> 체 눈처럼 뚫린 벽에 별 빛이 비쳐드네
> 집안에 있는 물건 쓸쓸하기 짝이 없어
> 모조리 팔아도 칠팔푼이 안 되겠네
> 어린아이 해진 옷은 어깨 팔뚝 다 나왔고
> 날 때부터 바지 버선 아예 걸쳐보지 못했네
> 큰 아이 다섯 살에 기병으로 등록되고
> 세 살 난 작은 놈도 군인 명단에 올라 있어
> 두 아들 세금으로 오백 푼을 물고 나니
> 빨리 죽기 바라는데 옷이 다 무엇이랴
> 금년도 이 꼴이니 무슨 수로 살아갈고
> 나졸놈들 오는 것만 겁날 뿐이지
> 관가에 가 곤장 맞을 일 두려워 않네
> 오호라 이런 집이 천지에 가득한데
> 구중궁궐 깊고 멀어 어찌 다 살펴보랴
>
> — 정약용 <적성촌> 중에서 —

유교는 백성들의 어려운 생활을 해결해 줄 수 있을까?

◀ 정약용

조선 후기에 실학이 등장하게 된 배경은

27 - ③ 다음은 실학자들이 백성들을 잘살게 하기 위해 내놓은 주장입니다. 빈칸에 실학자 이름을 쓰고 가장 공감이 가는 주장을 골라 보세요. 그 이유는 무엇인가요?

안녕하시오. 나는 **유형원** 이라고 하오.
나는 백성들이 잘살기 위해서는 농촌 사회를 바꿔야 한다고 생각한다오.
토지 제도를 개혁해서 농민은 물론이고,
노비들에게까지 땅을 고루 나누어 주어야 하오.

저는 _____ 이라고 합니다.
저도 농업을 중심으로 개혁해야 한다는 데 동의합니다.
그러나 이런 방법은 어떨까요? 마을 사람들이 땅을 공동으로 소유하고
일한 만큼 수확물을 나누어 가지는 겁니다. 그럼 세금도 함께
낼 수 있어 백성들의 세금 부담이 줄어들지 않을까요?

나는 _____ 이오.
두 사람은 나와 약간 다른 생각을 가지고 있군.
나는 청나라에 다녀와 〈열하일기〉라는 책을 썼다오.
청나라에 가보니 별천지더군.
나는 그곳에서 새로운 문물을 받아들이고 상업을 발달시켜야
백성들이 잘살 수 있다는 것을 배웠소.

제 소개가 늦었군요. 저는 _____ 라고 합니다.
여러분의 의견 모두 잘 들었습니다.
하지만 저는 우리 것에도 관심을 가져 주시면 좋겠습니다.
우리 고유의 역사, 지리, 국어, 자연 등의 연구를 통해
백성들의 생활에 도움을 줄 수 있습니다. 저도 〈대동여지도〉를 만들어
백성들이 쉽게 길을 찾는 데 도움을 주었죠.

나는 _____ 의 주장에 가장 공감한다.

왜냐하면 _____

정리학습문제

1. 다음 낱말 카드 중 하나를 골라 옆 친구에게 설명하고, 옆 친구는 알아맞혀 보세요.

| 모내기법 | 시장 | 공명첩 | 상평통보 |

2. 다음 중 조선 후기의 생활 모습으로 알맞지 않은 것은?
  ① 모내기, 골뿌림법이 널리 보급되어 농업 생산량이 늘어났다.
  ② 농민들은 소득을 높이기 위해 담배, 인삼, 채소 등 새로운 작물을 재배하였다.
  ③ 전국 곳곳에 장이 서기 시작하고, 상인들이 활발하게 활동하였다.
  ④ 백성들은 주로 물물교환을 통해 필요한 것을 얻었다.

3. [능력검정기출] (가)에 들어갈 내용으로 옳은 것은?

이것은 벼슬을 받는 사람의 이름을 비워둔 임명장입니다. 이러한 문서의 발행이 늘어나면서 ___(가)___

  ① 노비 제도가 폐지되었습니다.
  ② 양반의 수가 증가하였습니다.
  ③ 서원이 대부분 없어졌습니다.
  ④ 서얼에 대한 차별이 생겨났습니다.

4. 조선 후기에 실학이 등장하게 된 배경은 무엇인지 쓰세요.

5. 다음에서 설명하는 사람은?

〈 보 기 〉
실학을 집대성한 우리나라 최대의 실학자로, 정조 때 거중기를 개발하여 화성을 만드는 데 중요한 역할을 하였다. 또한 유배 중 〈경세유표〉, 〈목민심서〉 등 500여 권에 이르는 책을 쓰기도 하였다.

  ① 정약용 ② 박지원 ③ 이익 ④ 김정호

02 조선 후기 문화

28강 | 서양 문물의 전래
29강 | 조선 후기 서민 문화
30강 | 조선 후기 풍속화
♣ 그림읽기

정두원, 명에서 서양문물 수입	이승훈 천주교 전도	최제우 동학 창시	김정호 대동여지도
1631	1784	1860	1861

28강 서양 문물의 전래

조선에 들어온 서양 문물을 정리합니다.

28-1 다음 중 조선 후기에 전래된 서양 문물을 골라 동그라미하며 이름을 확인한 뒤, 다음 문물을 본 조선 사람들의 대화를 상상해서 쓰세요.

28 - 2 사다리를 타고 내려가면서 어느 종교와 관련 있는지 종교의 이름을 쓰세요.

1 서양의 학문

2

3

4 서학에 맞섬

- 인내천 : 사람이 곧 하늘
- 후천개벽 : 지금의 세상이 끝나고 새로운 세상이 열림

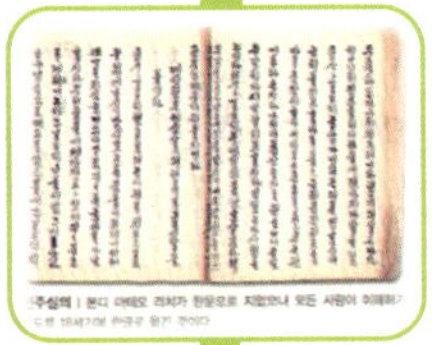

모든 사람은 평등하다. 누구든지 착하게 살면 천국에 갈 수 있다.

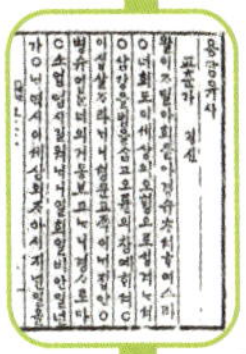

조상의 제사를 지내지 않고, 우리 고유의 풍속을 해친다고 하여 나라에서 금지하였다.

세상을 어지럽히고 백성들을 속이는 종교라고 나라에서 금지하였다

29강 조선 후기 서민 문화

조선 후기 서민 문화를 정리합니다.

29-1 조선 후기 서민들이 즐기던 문화 카드의 빈칸을 채워 보세요.

1 판소리란?
소리꾼 한사람이 고수의 북장단에 맞춰 줄거리가 있는 긴 이야기를 _____ 와 _____ 로 엮어 몸짓을 곁들이며 부르는 것이며, 청중도 함께 참여할 수 있었다.

2 공연된 장소 : 사람들이 많이 모이는 곳

3 특징 : 원래는 열두 마당이었으나 현재는 _____

4 현재 전해지는 판소리 : 〈춘향가〉, 〈심청가〉, 〈흥보가〉, 〈수궁가〉, 〈적벽가〉

판소리 / 탈놀이

1 탈놀이란?
연기자가 _____ 을 쓰고 가면극을 하는 것이다.

2 특징 : 마을의 풍년과 안녕을 기원하는 마을굿에서 시작되었다. 탈놀이는 현재 모두 중요 무형문화재로 지정된 소중한 우리의 민속놀이이다.

3 돌발 퀴즈! 다음 중 탈놀이가 주로 담고 있는 내용은 O, 아닌 것은 X 하세요.
▶ 양반에 대한 풍자 (   )
▶ 파계승에 대한 풍자 (   )
▶ 서민 생활의 어려움 (   )
▶ 신분적 특권에 대한 비판 (   )
▶ 남성의 횡포에 대한 비판 (   )

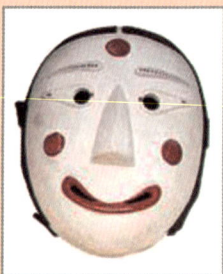

1. 서민문학의 종류 : 사설시조, _____ 소설

2. 사설시조란? 초장, 중장이 제한 없이 길며, 종장도 길어진 시조이다.

3. 사설시조의 내용 : 욕심 많은 양반을 비난하는 내용이나 남녀 간의 사랑 이야기가 주 내용을 이루고 있다.

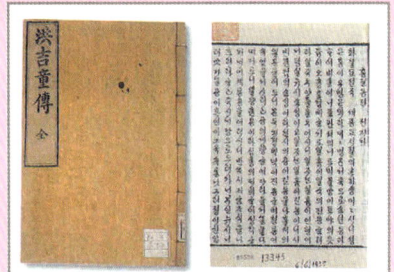

4. 한글 소설 : 최초의 한글 소설은 _____

5. 한글 소설의 특징 : 돈을 받고 여러 사람에게 읽어 주는 사람이 있었기 때문에 글을 모르는 일반 서민들에게도 인기가 많았다. 또한 지은이가 누구인지 모르는 경우가 많다.

서민문학 / 민화

1. 민화란? 조선 후기 서민들 사이에 널리 유행한 실용적인 그림이다.

2. 민화의 작가 : 이름 없는 _____, 도화서 화원

3. 민화의 소재 : 일상생활 속에서 접하는 해, 달, 나무, 동물, 꽃 등을 이용해 행복하게 살고 싶은 소망을 표현하였다.

4. 민화의 쓰임새 : 벽에 걸거나 병풍으로 만들어 집안을 장식하였다.

30강 조선 후기 풍속화

조선 후기 풍속화를 정리합니다.

30-1 다음은 조선 후기 유명한 화가인 김홍도의 풍속화입니다. 다음 〈보기〉의 사람들을 찾아보며 그림의 내용을 이야기해 보세요.

<보기>
① 빨래를 짜고 있는 여인   ② 엄마 젖을 먹고 있는 아이
③ 훈장님께 혼나는 동무를 보며 입을 가리고 웃는 아이
④ 동무들의 고누놀이를 부러운 눈으로 쳐다보는 아이
⑤ 지붕 위에서 기왓장을 던지고 있는 남자   ⑥ 엿장수

여러분이 찾은 풍속화 속 사람들의 신분은 무엇일까요?

30 - 2 다음은 조선 후기 유명한 화가인 신윤복의 풍속화입니다. 각 그림을 보고 어떤 장면인지 이야기하면서 제목을 붙여 보세요.

김홍도 풍속화와 신윤복 풍속화의 다른 점은 무엇일까요?

그림읽기

30강(16 ~ 17쪽) 조선 후기 풍속화 중 하나의 그림을 골라 그 속에 담긴 내용을 상상하면서 이야기를 만들어 보세요.

03 조선 후기 정치

31강 | 영조와 탕평책
32강 | 정조와 수원 화성
33강 | 세도정치와 농민 봉기
♣ 정리학습문제

탕평책 실시	규장각 설치	서학을 금함	홍경래의 난	임술농민봉기
1725	1776	1786	1811	1862

31강 영조와 탕평책

붕당 간의 다툼을 막기 위해 실시한 영조의 탕평책을 정리합니다.

31-1 붕당의 뜻을 말해 보세요.

朋黨
친구**붕** 무리**당**

31-2 붕당의 좋은 점과 나쁜 점은 무엇일까요?

임진왜란과 병자호란이라는 두 차례의 큰 전쟁을 겪으면서 나라의 살림살이와 백성들의 생활이 어려워졌습니다. 그런데도 신하들은 여러 무리로 나뉘어 편을 갈라 자주 다투었습니다. 이것을 붕당정치라고 합니다.

 좋은 점

 나쁜 점

31-3 다음 글귀를 큰소리로 읽으며 '탕' 자와 '평' 자에 동그라미 하고, 탕평책이 무엇인지 설명해 보세요. 영조는 왜 탕평책을 실시했을까요?

無偏無黨 王度蕩蕩　　치우치거나 무리지음이 없으면
무편무당 왕도탕탕　　왕도가 넓고도 넓으리라,

無黨無偏 王道平平　　무리지음이나 치우침이 없으면
무당무편 왕도평평　　왕도가 평평하고도 평평하리라

蕩平策
넓을**탕** 평평할**평** 꾀**책**

31 - 4 영조는 신하들이 무리를 나누어 다투지 않기를 바라는 마음으로 다음과 같은 내용을 새긴 비를 세웠습니다. 이 비석의 이름을 쓰고, 영조의 마음을 생각하면서 문화재 해설문을 써 보세요.

> 남과 두루 친하되 편당을 가르지 않는 것이 군자의 마음이요,
> 편당만 짓고 남과 두루 친하지 못하는 것은 소인배의 사사로운 마음이다.

32강 정조와 수원 화성

정조의 개혁 정치와 수원 화성을 정리합니다.

32-1 영조의 뒤를 이어 왕이 된 정조는 백성들이 편안하게 살 수 있는 세상을 만들기 위해 여러 가지 개혁 정치를 펼쳐 나갔습니다. 왕이 된 정조의 자랑을 들으며 빈칸을 채워 봅시다.

나는 아버지가 붕당정치의 희생양이 되는 것을 보고, 할아버지의  을 계승했단다.

○○ 이라는 이유로 차별받던 능력 있는 서얼들에게 벼슬을 주었고, 농업과 상공업도 발전시켰으며, 수많은 책도 편찬했단다.

왕위에 오르자마자 나는 왕실도서관인  을 만들어 당파와 상관없이 재능 있는 젊은 학자들을 등용했지.

어때? 이 정도면 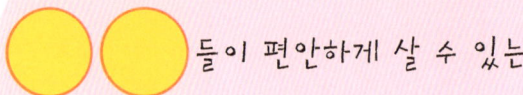 들이 편안하게 살 수 있는 새로운 조선을 건국하고자 한 내 꿈을 위해 꽤 많은 노력들을 했지?

32 - 2 새 술은 새 부대에! 새 나라는 새 도시에! 정조는 수원에 계획도시인 화성을 건설하여 자신이 꿈꾸는 개혁의 중심지로 삼고자 했습니다. 다음 화성 그림을 보고 〈보기〉의 주요 건축물을 찾아보세요.

보기: 창룡문, 화서문, 팔달문, 장안문, 봉돈, 화홍문, 서장대, 서북공심돈

33강 세도정치와 농민 봉기

조선 후기 세도정치와 농민 봉기를 정리합니다.

33-1 정조가 죽은 후 조선은 세도정치가 이어졌습니다. 세도정치의 뜻은 무엇인가요?

勢道政治
권세 세 길 도 정치 정 다스릴 치

33-2 다음 조선 시대 왕의 계보를 큰소리로 읽어 보고, 세도 정치 시기에 해당하는 왕을 찾아보세요.

조선 전기: 태 → 정종 → 태종 → 세종 → 문종 → 단종 → 세조 → 예종 → 성종 → 연산군 → 중종 → 인종 → 명종 → 선조 →

조선 후기: 광해군 → 인조 → 효종 → 현종 → 숙종 → 경종 → 영조 → 정조 → 순조 → 헌종 → 철종 → 고종 → 순종

33 - 3 세도정치로 인해 살기 힘들어진 백성들은 결국 참지 못하고 전국 각지에서 봉기를 일으켰습니다. 농민 봉기를 지도에서 찾고, 봉기의 이름을 쓰세요.

蜂 起
벌**봉** 일어날**기**

- 홍경래 반군의 점령지
- 철종 때의 농민 봉기 지역
- 고종 때의 농민 봉기 지역

평안도 지역에 큰 흉년이 들어 백성들의 불만이 높아지자 1811년 12월 18일 홍경래가 세도 정치 타도와 평안도 지역 차별을 비판하며 일으킨 봉기

개령 농민 봉기 (1862)

진주 지역의 몰락 양반인 유계춘, 이계열 등을 중심으로 진주 지역에서 일으킨 봉기. 이후 정부가 약속을 지키지 않아 전국 각지에서 농민 봉기가 이어졌다.

정리학습문제

1. 다음 낱말 카드 중 하나를 골라 옆 친구에게 설명하고, 옆 친구는 알아맞혀 보세요.

   김홍도   탕평비   수원 화성   붕당

2. [능력검정기출] 밑줄 그은 '민화'에 해당하지 않는 것은?

   민화는 조선 시대 서민들의 생활과 생각이 담겨 있다. 대부분이 그림 공부를 제대로 받지 못한 이름 없는 화가나 떠돌이 화가들에 의하여 그려졌다.

   ① 봉황도  ② 화조도  ③ 묵죽도  ④ 호작도

3. 다음 붕당정치에 대한 내용으로 옳지 않은 것은?
   ① 붕당이란 뜻을 같이하는 사람끼리 모여 만든 당을 말한다.
   ② 관직은 많은데, 관직에 나아가려는 사람이 적어져서 붕당이 생기게 되었다.
   ③ 붕당은 경쟁을 통해 서로의 실력을 키울 수 있다는 장점이 있다.
   ④ 붕당 간 경쟁이 심해지면 실력을 키우기보단 서로 깎아내리기만 한다는 단점이 있다.

4. [능력검정기출] 다음 자료의 유적에 대한 설명으로 옳지 않은 것은?
   ① 흥선대원군 때 중건되었다.
   ② 오늘날의 수원에 위치해 있다.
   ③ 거중기를 이용하여 건설되었다.
   ④ 세계 문화유산으로 등록되었다.

   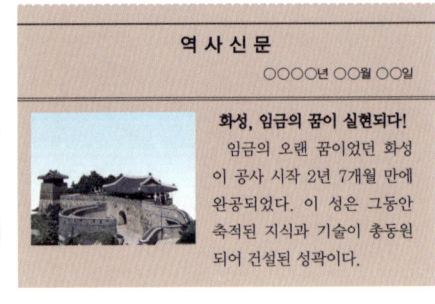

5. 다음 지도에 나타난 농민 봉기가 일어난 까닭을 쓰세요.

04 개화기

34강 | 흥선대원군

35강 | 양요와 강화도 조약

36강 | 임오와 갑신

♣ 사진읽기

고종 즉위(흥선대원군 집권)	병인양요	신미양요	강화도 조약	임오군란	갑신정변
1863	1866	1871	1876	1882	1884

34강 흥선대원군

고종의 아버지 흥선대원군에 대해 정리합니다.

34-1 흥선대원군은 누구의 아버지인가요?

34-2 흥선대원군의 전기문 목차입니다. 목차의 빈칸을 채우고 발표해 보세요.

흥선대원군!
그의 발자취를
따라서…

〈차례〉

1. 세도가를 속여 아들 명복을 왕으로 만들다. 1
2. 새로운 조선의 시작 15
  • 안동 김씨를 내쫓고 새로운 인재를 등용하다! 15
  • _____을 철폐하고, 양반들에게 세금을 걷다! 20
  • _____을 중건하여 왕권을 바로 세우다! 31
3. 흥선대원군의 위기 48
  • 나라 문을 걸어 잠그다! 45
  • 프랑스 선교사들과 _____ 신자들을 처형하다! 67
  • 프랑스가 _____로 쳐들어오다! 79

(중략)

34 - 3 이양선이 무엇인지 말해 보세요.

異 樣 船
다를이 모양양 배선

34 - 4 이양선에 탄 사람들은 조선에 와서 무슨 일을 했을까요?

34 - 5 흥선대원군은 서양 사람들의 요구에 뭐라고 이야기했을까요? 말풍선을 채우고 발표해 보세요.

35강 양요와 강화도 조약

서양 세력의 침략으로 생긴 두 양요와 일본의 강요로 맺은 강화도 조약을 정리합니다.

35-1 양요의 뜻이 무엇인지 말해 보세요.

洋擾
서양 양 어지러울 요
1866
1871

35-2 다음 빈칸을 채우며 두 양요를 정리해 발표해 보세요.

	병인양요(1866)	신미양요(1871)
침략한 나라		
침략한 원인	병인박해	제너럴셔먼호 사건
침략한 곳		
맞서 싸운 장군	양헌수 장군	어재연 장군

35-3 흥선대원군이 세운 척화비의 내용을 읽어 보고, 나라면 당시 상황에서 어떤 글을 썼을지 쓰고 발표해 보세요.

서양 오랑캐가 침범했을 때
싸우지 않음은 곧 화해하자는 것이요,
화해를 주장하는 것은
나라를 파는 것이다.

35 - 4 흥선대원군이 물러나고 외국의 문물을 받아들여야 한다고 생각하는 사람들이 늘어났습니다. 이 틈을 타 일본은 운요호 사건을 구실 삼아 강화도 조약을 체결하였습니다. 강화도 조약을 체결하게 된 사건이 무엇인지 말해 보세요.

 → 일본 군함 운요호가 강화도 초지진 앞바다에서 조선 군을 자극하고 영종도를 약탈한 사건

35 - 5 1876년에 체결한 강화도 조약의 내용을 보면서 불평등한 조항을 찾고 왜 불평등한지 설명해 보세요.

제1조 조선은 자주국으로 일본과 평등한 권리를 갖는다.

제4조 조선은 부산 이외에 두 곳을 개항하고 일본인이 오고가며 통상을 하도록 허가한다.

제7조 일본의 항해자가 조선 해안을 자유로이 측량하는 것을 허가한다.

제9조 백성들은 마음대로 무역하며 양국 관리들은 간섭하거나 금지할 수 없다.

제10조 일본 국민이 조선의 항구에서 조선 국민에게 죄를 지었더라도 일본 관리가 심판한다.

 왜 강화도 조약이라고 부를까요?

 강화도 조약을 맺은 연도는?

36강 임오와 갑신

개항 이후 일어난 임오군란과 갑신정변을 정리합니다.

36-1 임오군란이 어떤 사건인지 말해 보세요.

1882
壬午軍亂
임 오 군인군 난리란

36-2 다음 사진을 보고 신식 군인인 별기군과 구식 군인을 구분하고, 서로 다른 부분을 찾아 발표해 보세요.

36 - 3 갑신정변이 무엇인지 말해 보세요.

1884
甲申政變
갑 신 정치정 변할변

우정국

36 - 4 다음은 갑신정변을 일으킨 김옥균의 인터뷰입니다. 빈칸에 알맞은 김옥균의 답변을 쓰세요.

Q 오늘은 갑신정변을 일으킨 주인공 김옥균 씨를 만나 보도록 하겠습니다. 우선 가장 궁금한 것은 왜 정변을 일으켰는가에 대한 것인데요, 답변해 주시길 부탁드립니다.

청나라 군대가 _____ 진압하면서 우리나라에서 _____ 력력이 너무 커졌습니다. 그래서는 조선의 개화 정책이 제대로 추진될 리 없었죠. 그래서 저와 박영효, 서재필 등은 마음이 급해졌고, 개화 정책을 빠르게 추진하기 위해서 정변이라는 방법을 선택했던 것입니다.

Q 사건의 과정을 조금 더 이야기해 주시겠습니까?

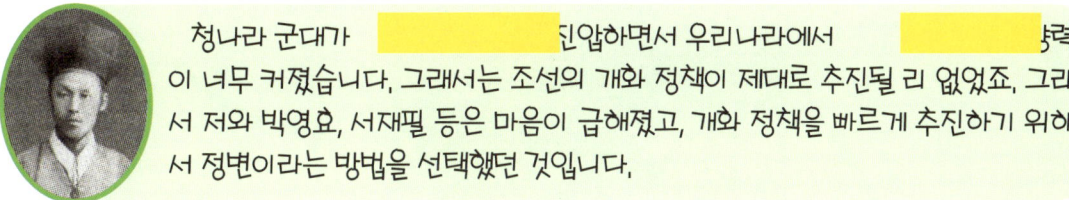

저희는 도와주겠다는 일본의 약속을 믿고, 최초의 우체국 _____ 이 처음 문을 여는 날, 개국 축하 파티를 틈타 거사를 일으켰습니다. 급하게 청나라 세력을 몰아내고 사회 제도를 고치기 위한 정책을 발표하며 개혁을 서둘렀습니다. 우리는 성공했다는 기쁨에 취해 있었습니다. 그러나 청나라 군대의 반격을 받고 사태가 불리해지자 _____ 을 저버리고 철수하면서 일 _____ 실패로 끝나고 말았습니다.

Q 그렇다면 정변이 실패한 원인이 정확히 어디에 있다고 보십니까?

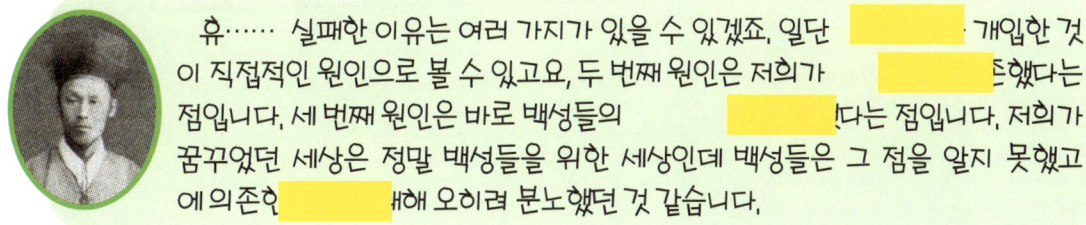

휴…… 실패한 이유는 여러 가지가 있을 수 있겠죠. 일단 _____ 개입한 것이 직접적인 원인으로 볼 수 있고요, 두 번째 원인은 저희가 _____ 했다는 점입니다. 세 번째 원인은 바로 백성들의 _____ 다는 점입니다. 저희가 꿈꾸었던 세상은 정말 백성들을 위한 세상인데 백성들은 그 점을 알지 못했고 에 의존 _____ 해 오히려 분노했던 것 같습니다.

사진읽기

다음 사진의 제목을 쓰고 사진의 내용을 화살표 방향으로 설명해 보세요.

한국사능력검정시험 초급편 **한국사특강**

05 서양 세력의 침략

37강 | 동학과 갑오

38강 | 독립협회와 대한제국

39강 | 근대 문물의 수용

♣ 정리학습문제

동학농민운동, 갑오개혁	을미사변	독립협회 설립	대한제국	경인선 개통
1894	1895	1896	1897	1899

37강 동학과 갑오

개항 이후 일어난 동학 농민 운동과 이 운동과 관련된 갑오개혁을 정리합니다.

37-1 동학 농민 운동이 무엇인지 말해 보세요.

1894
東學 農民 運動
동녘동 학문학 농사농 백성민 운 동

37-2 동학 농민 운동의 전개 과정을 순서대로 나열해 보세요.

보기: 고부농민봉기   청일전쟁   전주화약   우금치 전투   전주성 점령

▶ ▶ ▶ ▶ ▶

37-3 다음은 동학 농민군의 백산 봉기 기록화입니다. 이 그림 속에서 전봉준을 찾고, 그가 동학 농민군에게 무슨 말을 하고 있을지 상상해서 써 보세요.

37 - 4 갑오개혁이 무엇인지 말해 보세요.

1894

甲午改革
갑 오 고칠개 고칠혁

37 - 5 동학 농민군이 주장한 개혁안과 갑오개혁의 주요 내용입니다. 갑오개혁의 내용 중 동학 농민군의 주장이 받아들여진 것과 받아들여지지 않은 것을 골라 쓰고 발표해 보세요.

동학농민군이 주장한 개혁안

- 동학과 정부 사이의 반감을 없애고 정치에 협력한다.
- 탐관오리의 죄상을 조사하여 이를 엄중히 처벌한다.
- 노비 문서를 불태워 버린다.
- 젊은 과부의 재혼을 허락한다.
- 규정 이외의 모든 세금을 폐지한다.
- 관리의 채용은 문벌을 타파하고 인재를 등용한다.
- 일본인과 몰래 통하는 자는 엄벌한다.
- 토지는 골고루 나누어 경작한다.

갑오개혁의 주요 내용

- 청나라에 의존하지 않고 자주독립의 기초를 세운다.
- 과거 제도를 폐지하고, 능력 위주로 관리를 뽑는다.
- 신분 제도를 없앤다.
- 세금을 모두 법으로 정하고 그 이상 거두지 못한다.
- 백성을 함부로 가두거나 벌하지 말며, 백성의 생명과 재산을 보호한다.
- 도량형을 통일한다.

받아들여진 것

받아들여지지 않은 것

 백성들이 갑오개혁을 환영하지 않은 이유는?

38강 독립협회와 대한제국

을미사변, 아관파천, 독립협회 활동, 대한제국의 성립까지 정리합니다.

38-1 다음 사건에 대한 설명으로 올바른 것을 이어 보고, 시대 순으로 바르게 나열하세요.

을미사변(1895)

일본의 영향력이 강해지자 명성황후가 러시아를 끌어들여 일본을 견제하려고 해. 일본이 경복궁에 침입하여 명성황후를 시해한 사건

아관파천(1896)

서재필이 세운 단체로, 국민들의 자주독립 정신을 키워 외세의 간섭에서 벗어나기 위해 노력한 근대적인 단체

독립협회(1896)

명성황후의 죽음으로 신변의 위협을 느낀 고종이 궁궐을 떠나 러시아 공사관으로 피신한 사건

38 - 2 아관파천 이후 외세의 간섭이 계속되자 서재필 등의 개화파 지식인들은 정부의 외세 의존 정책을 반대하며 독립협회를 설립했습니다. 다음 중 독립협회의 활동과 관련된 사진을 고르고 그 활동을 설명해 보세요.

1

2

3

4

5

39강 근대 문물의 수용

개항 이후 받아들인 서양 문물을 정리합니다.

39-1 다음 사진을 보고 조선 사람들의 전통적인 의식주의 모습은 ○, 서양 문물의 도입으로 달라진 의식주의 모습에는 △ 표시를 하면서 조선 사람들의 의식주가 어떻게 달라졌는지 이야기해 보세요.

39-2 다음 자료에서 알 수 있는 개화기에 도입된 근대 시설의 이름을 써 보세요.

1

2

3

4

39 - 3 개화기에 세워진 근대 학교들입니다. 빈칸을 채우면서 각 학교들에 대해 이야기 나눠 보세요.

- 설립연도 : 1883년
- 세운 사람 : 원산의 주민
- 의의 : 새로운 세대에게 신지식을 교육하여 인재를 양성하고, 외국의 도전에 대처하기 위해 주민들이 자발적으로 자금을 모아 근대 학교를 설립했다.

- 설립연도 : 1886년
- 세운 사람 : 정부
- 의의 : 우리나라 최초의 근대식 관립 학교
- 한계 : 지나치게 영어만 강조하고, 고급 양반 자식만 대상으로 하는 등 서민들과 친숙하지 못해 국민 대중을 교육하여 계몽하는 데 한계가 있었다.

배재학당 / 이화학당

- 설립연도 : 1885, 1886년
- 세운 사람 :
- 의의 : 선교를 위해서 만들어졌지만, 여성에게도 교육의 기회를 주는 등 근대 교육에 큰 역할을 하였다.

39 - 4 다음 중 근대 학교에 다닐 수 있는 사람을 모두 고르세요.

양반집 외아들 감돌이　　노비 개똥이　　상인 길동이　　농부의 딸 금순이

39 - 5 근대 학교에서는 무엇을 가르쳤을까요? 다음 중 근대 학교의 학생들이 배운 과목이 아닌 것은?

외국어　독서　습자　도화　외국역사　체조
수신　작문　산술　외국지리　유교경전　과학
　　　　　본국역사　　이과

정리학습문제

1. 다음 낱말 카드 중 하나를 골라 옆 친구에게 설명하고, 옆 친구는 알아맞혀 보세요.

| 흥선대원군 | 신미양요 | 을미사변 | 아관파천 | 대한제국 |

2. 다음 사진들과 관련 있는 사건을 고르세요.

 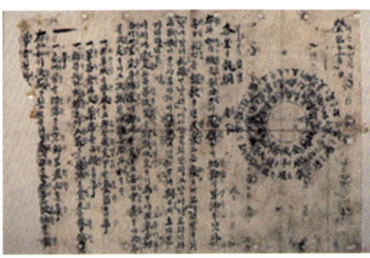

① 동학 농민 운동
② 갑오개혁
③ 을미사변
④ 아관파천

3. 갑오개혁이 성공하지 못한 이유를 쓰세요.

4. 개항 이후 달라진 의식주의 모습이 아닌 것은?
① 감돌 : 전에는 상투를 틀었는데, 짧게 머리를 잘라 버렸어.
② 봉준 : 고구마라는 음식을 처음 먹어 봤는데, 너무 맛있어!
③ 재필 : 이제는 한복을 벗고, 서양식 양복과 구두를 신고 다니게 되었어.
④ 홍집 : 이번에 우리 집은 벽돌로 지었지.

5. [능력검정기출] 다음 가상 모집 공고를 낸 교육 기관으로 옳은 것은?

> **학생 모집 공고**
> 오라, 최초의 근대 사립 학교로!
> 배우자, 근대 학문을!
> • 모집 대상 : 신학문을 배우고자 하는 사람
> • 모집 기간 : 1884년 ○○월 ○○일~○○월 ○○일
> • 모집 인원 : △△명
> • 학교 소개 : 덕원부 주민들이 힘을 모아 만든 사립 학교입니다.

① 오산학교
② 원산학사
③ 육영공원
④ 이화학당

한국사능력검정시험 초급편 **한국사특강**

06 일본의 침략

40강 | 을사조약

41강 | 의병·의거 운동

42강 | 애국 계몽 운동

♣ 사진읽기

을사조약	통감부 설치	국채보상운동, 고종 퇴위	안중근 이토 히로부미 처단
1905	1906	1907	1909

40강 을사조약

대한제국의 외교권을 빼앗은 을사조약을 정리합니다.

40-1 을사조약이 무엇인지 말해 보세요.

1905
乙 巳 條 約
을 사 가지조 약속약

40-2 다음은 을사조약을 체결하는 과정에 대한 글입니다. 불법이라고 생각되는 부분을 찾아 밑줄을 그어 보세요.

이토 히로부미와 을사오적

이토 히로부미 　 이완용 　 이근택 　 이지용 　 박제순 　 권중현

　개항 이후 주변의 강대국들은 대한제국을 서로 차지하려고 싸웠다. 1894년에는 청나라와 일본이 싸우고, 1904년에는 러시아와 일본이 싸웠는데 모두 일본이 이겼다. 청나라와 러시아를 모두 물리친 일본은 이제 대한제국을 마음대로 주무르기 시작했다.
　러일전쟁이 끝난 지 두 달쯤 뒤 일본은 대한제국의 외교권을 빼앗는 일부터 시작했다. 일본의 유명한 정치가 이토 히로부미가 군대를 이끌고 궁궐로 들어와 고종 황제에게 "동양의 평화와 조선의 안전을 위해 조선은 일본의 보호를 받아야 합니다." 라며 외교권을 일본에 넘기는 조약에 도장을 찍으라고 강요했다. 고종 황제가 끝까지 버티자 이토 히로부미는 대신들을 불러 조약을 강요했다. 그때 궁궐은 일본군이 모두 둘러싼 상태였다. 8명의 대신 중 5명이 찬성함으로써 을사조약이 통과되었는데, 이토 히로부미는 5명이 찬성을 하자 조약안이 통과되었다고 선언하고 외부대신 박제순의 도장을 빼앗아 조약 문서에 도장을 찍었다. 그래서 을사조약 문서에는 고종 황제의 서명과 도장이 없다.

40-3 일본이 강제로 을사조약을 맺자, 우리 민족은 을사조약의 무효를 주장하며 다양한 방법으로 을사조약 반대 운동을 전개했습니다. 다음 신문 기사를 읽고 알맞은 제목을 지어 보세요.

일제의 을사조약 강제 체결에 대해 장지연은 황성신문에 <시일야방성대곡>이라는 글을 실어 조약의 부당함을 알리고 우리 민족의 심정을 토로하였다. 다음은 <시일야방성대곡(오늘 목 놓아 통곡한다)>의 일부이다.
오호라, 저 개, 돼지만도 못한 우리 정부 대신이란 자들이 자신들의 이익에 눈이 어두워 거짓된 위협에 겁먹고 나라를 팔아먹은 도적이 되었으니, 4천년 강토와 5백년 사직을 다른 나라에 갖다 바치고 2천만 백성을 노예로 만들었도다. …… (중략) 아!원통하고 분하도다. 남의 노예가 된 우리 2천만 동포여! ……

황제를 호위하던 임무를 맡고 있던 민영환이 자택에서 유서를 남기고 자결하였다. 이는 을사조약 체결의 울분을 이기지 못해 자결한 것으로 보여 을사조약에 대한 우리 국민들의 분노를 자극하고 있다.
민영환의 자결로 인해 전국에 많은 사람들은 통곡하며 을사조약 반대 운동에 동참하고 있다. 상인들은 가게 문을 닫았으며, 학생들은 학교에 가지 않고 휴학을 하였고, 관리들과 유학자들은 을사조약 무효 상소를 앞다퉈 올리고 있어 앞으로의 귀추가 주목된다.

끝까지 을사조약 체결에 반대하셨던 우리 황제께서 을사조약 체결이 무효임을 국제 사회에 알리고, 이를 바로잡기 위하여 만국 평화 회의가 열리는 네덜란드 헤이그에 특사를 비밀리에 파견하셨다.
헤이그 특사로 파견된 인물은 이준, 이상설, 이위종 세 사람으로 막중한 임무를 가지고 헤이그로 향한 이들이 큰 성과를 거두고 오기를 온 국민이 기대하고 있다.

41강 의병·의거 운동

을사조약에 반대해 일어난 의병과 의거 운동을 정리합니다.

41-1 의병과 의거의 뜻을 말해 보세요.

義兵
옳을 의 군사 병

義擧
옳을 의 일으킬 거

41-2 우리 민족은 일제의 주권 침략에 맞서 의병 운동, 의거 운동 등 다양한 형태로 항일 운동을 전개했습니다. 다음 연표의 빈칸을 채우면서 항일 의병 운동을 정리해 보세요.

	1895 을미의병	1905 을사의병	1907 정미의병
일어나게 된 계기			고종 황제의 강제 퇴위와 군대 해산
대표적인 의병장	유인석, 이소응	평민 의병장 신돌석	13도 창의군 결성
의미	의병 운동의 시작	각계각층의 사람 참여	

41 - ③ 다음 두 의병 사진의 차이점이 무엇인지 말해 보세요. 왜 이러한 변화가 일어났을까요?

을미의병  정미의병

차이점

41 - ④ 안중근 의사의 프로필을 작성하여 발표해 보세요.

- 이름 :
- 생년월일 : 1879년 9월 2일 황해도 출생
- 사망일 : 1910년 3월 26일
- 활동 내역
  - 1906년 교육 계몽 운동 전개
  - 1907년 국채 보상 운동 참여
  - 1907년 연해주로 망명, 의병 활동 시작
  - 1909년 하얼빈 역에서 _____ 암살
  - 이토 히로부미 저격 후 "꼬레아 우라!(한국 만세)"를 외치며 순순히 체포, 사형을 선고받고 형장의 이슬로 사라짐

42강 애국 계몽 운동

일제의 침략에 맞서 일어난 애국 계몽 운동을 정리합니다.

42-1 애국 계몽 운동이 무엇인지 말해 보세요.

愛國 啓蒙 運動
사랑 애 나라 국 열 계 어두울 몽 운 동

42-2 애국 계몽 운동가들은 일제의 침략에 맞서 학교를 세우고 신문을 발행해 민족정신과 민족의식을 키우고자 노력했습니다. 다음 자료에 대해 이야기 나누고 공통으로 관련 있는 운동을 쓰세요.

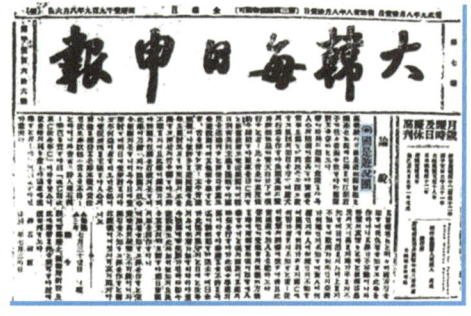
황성신문

대성학교
신민회
오산학교

42-3 다음 서상돈의 국채 보상 취지서를 읽고, 국채 보상 운동을 널리 알릴 수 있도록 홍보 포스터를 만들어 보세요.

국채 1300만 원 보상 취지서

지금 국채가 1300만 원이 있으니, 이것은 우리나라가 존재하고 망하는 것과 관계되는 일입니다. …… 2천만 민중이 3개월 기한으로 담배를 피우지 말고 그 대금으로 1인당 매월 20전씩 거둔다면 거의 1300만 원이 되겠습니다. …… 우리 2천만 동포 중에서 정말 털끝만큼의 애국 사상이라도 있는 자라면 반드시 두말을 하지 않을 것입니다. 저희들이 여기서 감히 발기하여 취지를 알리고 피눈물로 호소합니다.

사진읽기

다음 사진의 제목을 쓰고, 사진의 내용을 설명해 보세요.

▲ 을사조약이 체결된 덕수궁 중명전

을사조약 원본 ▶

07 일제강점기

43강 | 일제 식민 정책
44강 | 국내 독립운동
45강 | 국외 독립운동
♣ 정리학습문제

| 국권 피탈 | 토지 조사령 공포 | 3.1운동, 대한민국임시정부 수립 | 한국광복군 결성 |
| 1910 | 1912 | 1919 | 1940 |

한국사능력검정시험 초급편 한국사특강

43강 일제 식민 정책

일제의 식민 정책을 정리합니다.

43-1 일제는 외교권에 이어 1910년 한일 합병 조약으로 우리의 국권을 강제로 빼앗았습니다. 이로써 우리 민족은 나라를 빼앗긴 채 일제의 식민 통치를 받게 되었지요. 일제가 우리나라를 지배하기 위해 만든 최고의 권력 기구는 무엇인가요?

43-2 다음 사진을 보고 국권 침탈 직후 일제가 실시한 식민 통치 방식을 이야기해 보세요.

헌병 경찰

제복을 입고 칼을 찬 교사

43-3 다음 사진은 일제가 강제로 끌고 간 조선인 노동자의 모습입니다. 사진 속 사람들의 생각을 상상해서 써 보세요.

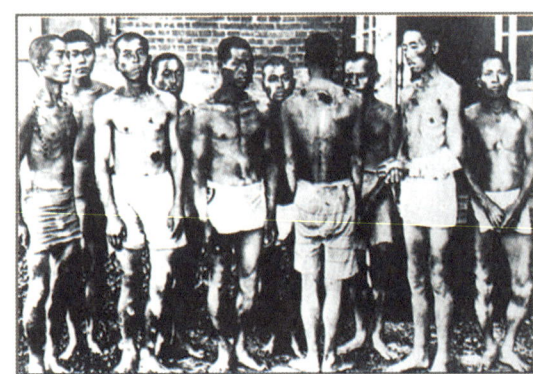

43-4 나라를 빼앗은 일제는 토지 조사 사업, 회사령, 산미 증식 계획 등의 경제 수탈 정책을 실시하여 농민들의 생활은 더욱 어려워졌습니다. 토지 조사 사업이 무엇인지 말해 보세요.

1910 土地 調査 사업
흙토 땅지 고를조 조사할사

43-5 토지 조사 사업 이후 나타난 모습에 대해 맞으면 ○, 틀리면 × 하세요.

- 일제는 신고되지 않은 토지를 동양척식주식회사에 넘기거나 일본인에게 헐값으로 팔았다. ( )
- 토지를 소유한 사람들은 주인임을 인정받아 농사짓기가 좋아졌다. ( )
- 토지를 빌려 농사를 짓는 사람은 토지 사용료가 올라 농사짓기가 힘들어졌다. ( )
- 농사지을 토지를 구하지 못한 사람은 고향을 떠나 도시나 해외로 가서 노동자가 되었다. ( )

43-6 일제는 쌀 생산량을 늘리는 정책인 산미 증식 계획을 실시하였습니다. 다음 그래프를 보고 쌀 생산량이 늘어났음에도 불구하고 농민들의 생활이 더 어려워진 이유를 말해 보세요.

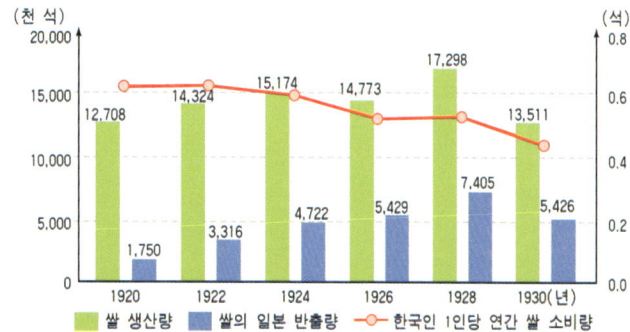

44강 국내 독립운동

1910년 한일 합병 조약 이후 일어난 국내 독립운동을 정리합니다.

44-1 3·1 운동이 무엇인지 말해 보세요.

1919

3·1 운동

44-2 한일 합병 조약 후 일제의 강압적인 통치에 반발하여 1919년 3월 1일 우리 민족 최대의 독립운동인 3·1 운동이 일어났습니다. 빈칸을 채우면서 3·1 운동을 정리한 후 발표해 보세요.

배경	전개과정	결과
민족 자결 주의 2·8 독립 선언	❶ 민족 대표 33인의 독립선언식 ❷ 탑골 공원에 모인 학생과 시민들이 독립선언서를 낭독하고, 태극기를 흔들며 독립 만세 운동을 펼침 ❸ 독립 만세 운동이 전국, 국외까지 널리 퍼져 이어짐	효과적인 독립운동을 전개하기 위해 중국 상해에 _____ 를 수립

44-3 다음은 3·1 운동 당시 낭독했던 독립선언서입니다. 당시 민족의 마음과 염원을 담아 낭독해 보세요.

> 우리는 여기에 우리 조선이 독립된 나라인 것과 조선 사람이 주인임을 선언하노라. 이것을 세계 모든 나라에 알려 인류가 평등하다는 큰 뜻을 밝히며, 이것을 자손만대에 일러 우리 민족이 독자적으로 생존한 정당한 권리를 영원히 누리게 하노라.

44 - 4 국내에서는 실력을 양성하여 독립에 대비해야 한다는 실력 양성 운동이 일어났습니다. 다음 국내에서 일어난 민족 실력 양성 운동을 자료와 바르게 짝지으세요.

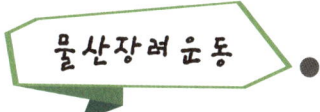 •

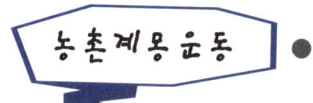 •

•

•

44 - 5 일제의 민족 말살 정책에 대항해 우리 민족의 문화를 지키려는 민족 문화 수호 운동이 일어났습니다. 다음 민족 문화 수호 운동과 문화 영역을 바르게 짝지으세요.

한글 연구 •

• 조선어학회

• 손기정 - 올림픽 마라톤 금메달

역사 연구 •

• 신채호 - 〈을지문덕전〉, 〈조선상고사〉

• 나운규 - 영화 〈아리랑〉

문화·예술계 •

• 박은식 - 〈한국독립운동지혈사〉

• 한용운, 심훈, 윤동주 - 문학

45강 국외 독립운동

3·1 운동 후 국외로 건너간 독립운동가들이 벌인 국외 독립운동을 정리합니다.

45-1 다음 인물이 말하는 전투를 지도에서 찾아 쓰고, 발표해 보세요.

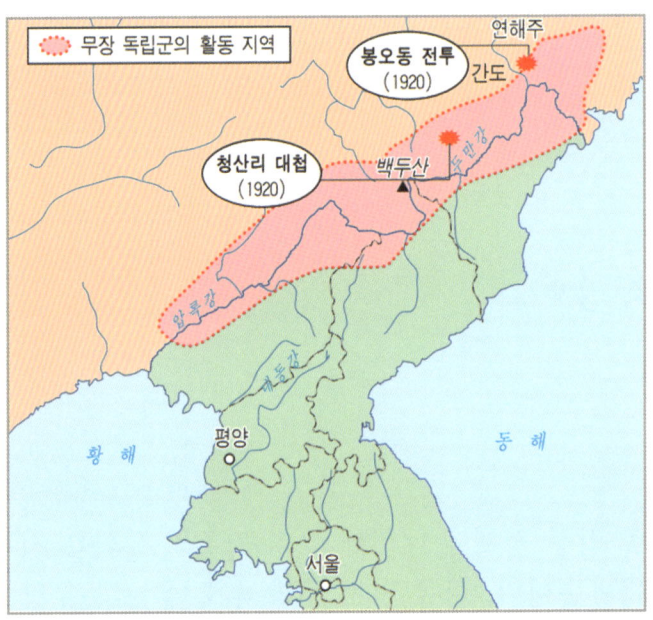

 나는 _____ 장군이라고 하오.
나는 만주로 건너가 독립군 연합 부대의 총사령관으로 독립군을 이끌었지. 1920년 6월 7일 새벽, 일본군이 봉오동으로 쳐들어온다는 소식을 듣고 산봉우리에 숨어 일본군을 기다렸다오. 일본군을 산봉우리 아래 계곡으로 끌어들인 뒤 총탄 세례를 퍼부어 600여 명의 일본군을 몰살시켰소. 이 전투에서 우리 독립군은 대승리를 거두었다오.

 나는 _____ 장군이오.
봉오동 전투 후 일본군이 대규모 부대를 이끌고 다시 공격해 온다는 소식을 듣고 독립군 부대들은 백두산 서쪽의 청산리로 이동해 일본군과 맞설 준비를 했지. 우리는 청산리 백운평 계곡에 숨어 일본군을 기다렸고, 계곡과 숲이 우거진 청산리로 일본군을 유인하여 6일 동안 10여 차례의 전투 끝에 일본군 1200명을 사살하는 대승을 거두었소.

45 - 2 대한민국 임시정부는 한인애국단을 만들어 이봉창과 윤봉길 의거를 일으켜 우리나라 독립운동에 새로운 활기를 불어넣었습니다. 한인애국단은 어떤 단체인가요?

1931 한인애국단 — 김구를 중심으로 1931년 중국 상해에서 조직된 항일 독립운동 단체

45 - 3 다음은 한인애국단 소속으로 의거를 일으킨 의사들의 모습입니다. 이들이 일으킨 의거에 대한 설명을 읽으며 이 의사들의 이름을 쓰고, 사진을 찍으면서 무슨 생각을 하고 있을지 상상해서 적어 보세요.

일본 도쿄에서 일본 국왕을 향해 폭탄을 던졌으나 폭탄이 불발되어 실패하고 말았다(1932). 비록 의거가 성공하지는 못하였으나 일제에 우리 민족의 항일 의지를 보여준 사건이다.

중국 상해에서 열린 일본군의 상해 점령 축하 기념식장에 도시락과 물통 모양의 폭탄을 던졌다(1932). 이 사건으로 일본군 최고 사령관과 주요 인물들이 죽거나 부상당했다. 이 의거는 우리나라의 독립 의지를 널리 알렸을 뿐 아니라 중국인들에게 커다란 감동을 주어 중국이 우리 독립운동을 적극적으로 지원하는 계기가 되었다.

정리학습문제

1. 다음 낱말 카드 중 하나를 골라 옆 친구에게 설명하고, 옆 친구는 알아맞혀 보세요.

| 을사조약 | 3·1운동 | 홍범도 | 윤봉길 |

2. [능력검정기출] 다음 자료의 정책이 추진된 시기에 있었던 사실로 옳지 않은 것은?

이것은 조선 총독부가 토지를 조사하고 있는 사진이야.

① 헌병경찰의 탄압
② 민족 신문의 발행 금지
③ 집회와 결사의 자유 박탈
④ 대한제국 군대의 강제 해산

3. 다음 중 3·1운동의 결과를 쓰세요.

4. 다음 인물과 관련된 사건, 단체를 바르게 연결하세요.

(1) 김구 • • 청산리대첩

(2) 홍범도 • • 봉오동전투

(3) 김좌진 • • 한인애국단

5. 일제강점기 우리 민족의 혼을 지키려고 하는 민족 문화 수호 운동을 전개한 분야와 사람, 단체가 바르게 연결된 것은?

① 문학 – 박은식, 신채호
② 역사 – 나운규
③ 우리 말과 글 – 조선어학회
④ 영화 – 윤동주

08 대한민국

46강 | 8·15 광복

47강 | 6·25 전쟁

48강 | 민주주의 발전

♣ 노래하기

8·15 광복	대한민국 정부 수립	6·25 전쟁	4·19 혁명	5·18 민주화 운동	6월 민주항쟁
1945	1948	1950	1960	1980	1987

46강 8·15 광복

1945년 8월 15일 일본의 무조건 항복으로 광복을 맞이한 조선의 상황을 정리합니다.

46-1 우리나라는 독립을 위한 많은 노력 끝에 1945년 8월 15일 광복을 맞이했습니다. 사진 속 사람들이 무슨 말을 했을지 상상하며 말풍선에 써 보세요.

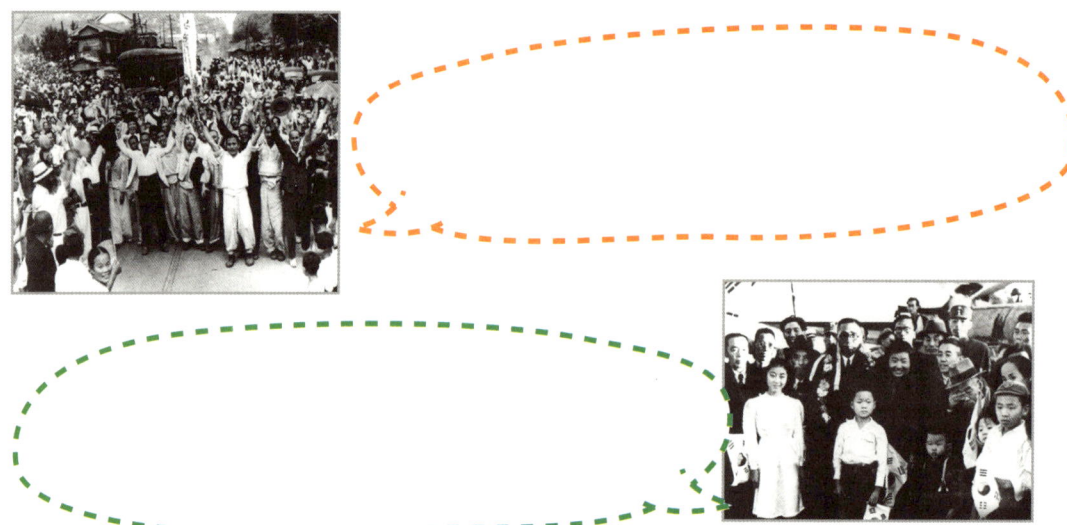

46-2 우리나라는 북위 38도선을 경계로 남쪽에는 미군이, 북쪽에는 소련군이 주둔하여 둘로 나누어지게 되었습니다. 다음 지도에 북위 38도선을 긋고, 남과 북을 각각 색칠하며 주둔한 국가를 써 보세요.

- 남:
- 북:

소련과 미국은 왜 우리나라에 주둔했을까?

우리나라는 왜 분단되었을까?

46-3 우리나라는 일제 식민 지배에서 벗어났지만 결국 남북에 서로 다른 두 정부가 들어섰습니다. 다음 대한민국 정부 수립 과정 빈칸에 알맞은 말을 넣으세요.

46-4 UN에서 남한만의 총선거를 결의하자, 남한만의 단독정부 수립을 반대하는 운동이 거세게 일어났습니다. 이때 김구와 이승만의 의견이 나누어졌는데, 김구와 이승만의 의견을 듣고 내 의견을 말해 보세요

김구: 두 개의 정부가 아닌 하나의 정부를 수립해야 합니다! 두 개의 정부를 수립한다면 같은 민족이 영영 나누어지고 말 것입니다. 시간이 걸리더라도 통일정부 수립을 위해 반드시 북한과 협상을 해야 합니다.

이승만: 통일정부를 수립하려고 해도 북한과의 협상이 뜻대로 되지 않습니다. 그러니 선거가 가능한 남한만이라도 총선거를 실시하여 정부를 수립해야 합니다. 그래야만 혼란스러운 상황을 빠르게 바로 잡을 수 있습니다.

47강 6·25 전쟁

1950년 6월 25일에 일어난 6·25 전쟁을 정리합니다.

47-1 6·25 전쟁은 왜 6·25 전쟁이라고 부르나요? 6·25 전쟁이 무엇인지 설명해 보세요.

1950
6·25 전쟁   한국전쟁

47-2 다음 사진을 6·25 전쟁의 전개 과정에 맞게 순서대로 나열하세요.

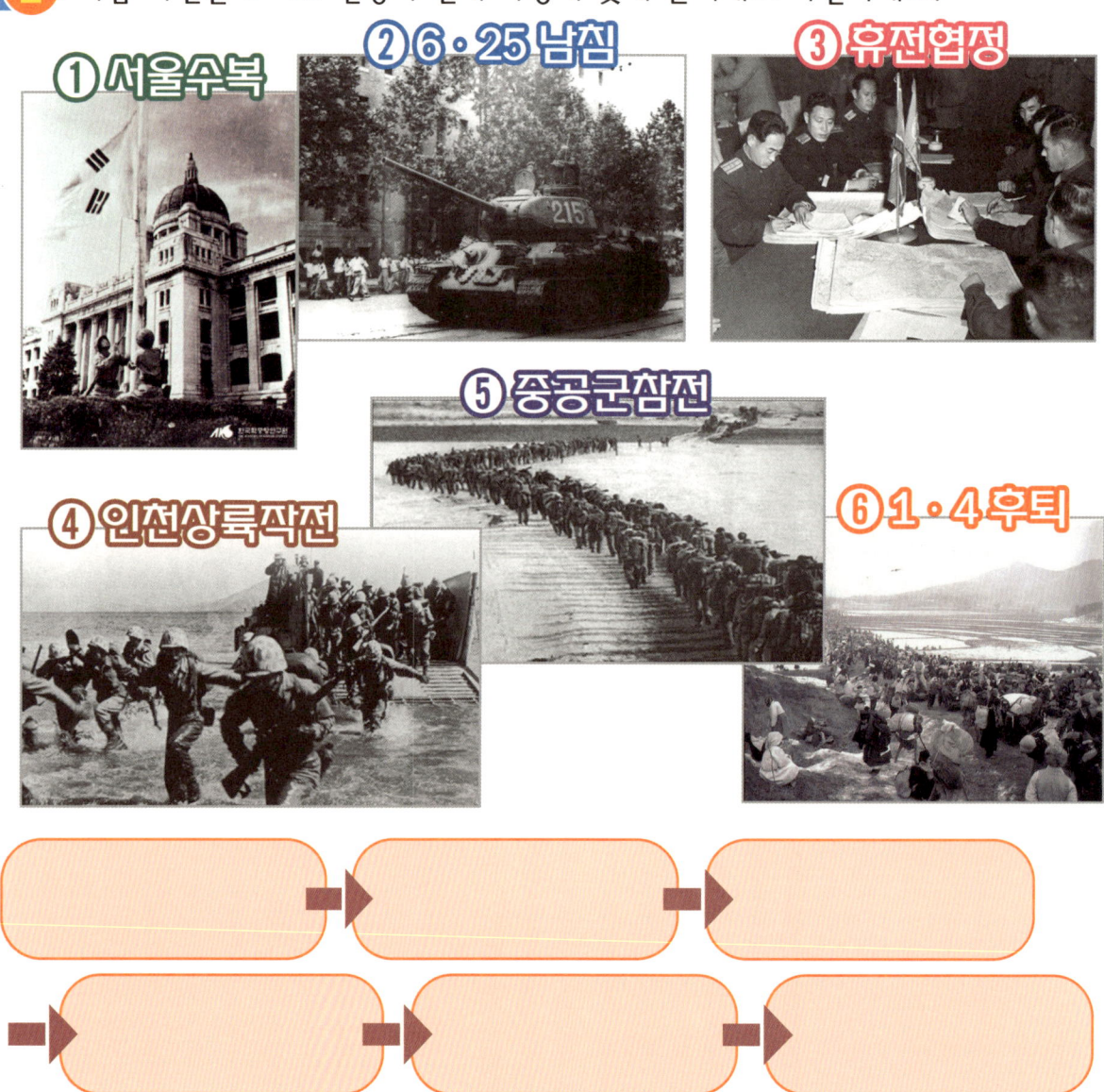

① 서울수복 ② 6·25 남침 ③ 휴전협정 ④ 인천상륙작전 ⑤ 중공군참전 ⑥ 1·4후퇴

47 - 3 다음은 6·25 전쟁의 결과를 보여 주는 자료입니다. 인명 피해에 해당하는 경우는 ○, 경제적 피해는 △, 정신적 피해는 □로 나누어 표시하세요.

① 한국군 및 유엔군 피해

구 분	계	전사	부상	실종 / 포로
계	776,360	178,559	555,022	41,769
한 국 군	621,479	137,889	450,742	32,838
유 엔 군	154,881	40,670	104,280	9,93

※ 공산군 피해 : 2,035,000명 (단위 : 명)

② 남북한 민간인 피해

계	남 한						북한
	소계	사망	학살	부상	납치	행불	
2,490,968	990,968	244,563	128,936	229,625	84,532	303,212	1,500,000

※ 피난민(320만여명), 전쟁미망인(30만여명), 전쟁고아(10만여명)(단위 : 명)

48강 민주주의 발전

대한민국의 민주주의 발전 과정을 정리합니다.

48-1 6·25 전쟁 이후 대한민국의 여러 대통령들은 자신의 정권을 지키기 위해 헌법을 고치고 독재정치를 했습니다. 그러자 국민들이 나서서 민주주의를 위한 민주화 운동을 일으켰습니다. 민주주의의 뜻은 무엇인가요?

民主主義
국민민 주인주 주인주 옳을의

48-2 다음 민주화 운동이 일어난 때 부모님 나이를 써 보세요. 선생님 설명을 듣고 사진 옆에 민주화 운동에 대한 신문 기사를 써 보세요.

| 민주화일지 | 부모님 나이 |

4·19 혁명 — 1960 → 살

4월 19일 오전 9시 서울의 대학생들이 경무대 앞에 2만여 명을 헤아릴 만큼 모여, 이승만 대통령의 독재정치와 3·15 부정선거에 반대하며 시위를 하는 모습이다.

| 민주화 일지 | 부모님 나이 |

5·18 광주 민주화 운동　1980　→　살

전두환 대통령을 중심으로 일부 군인들이 정변을 일으키자 1980년 광주에서 많은 시민들이 민주화를 요구하며 시위를 하는 모습이다.

6월 민주 항쟁　1987　→　살

1987년 6월 민주화를 요구하는 시위가 전국에서 일어났고, 6월 항쟁 중 사망한 이한열군을 추모하기 위해 모인 사람들의 모습이다. 이 항쟁으로 독재정치를 막고, 민주화를 이루었다.

노래하기

<독립군가>는 일제강점기에 독립운동가들이 즐겨 부른 대표적 독립운동 노래입니다. 나라를 위해 목숨을 바친 많은 독립운동가 여러분께 감사한 마음을 느끼며 큰소리로 불러 봅니다.

독립군가

신 대한국 독립군의 백만용사야 조국의 부르심을 네가 아느냐 삼천리 삼천만의 우리동포들 건질 이 너와 나로다 나가 나가 싸우러 나가 나가 나가 싸우러 나가 독립문의 자유종이 울릴때까지 싸우러 나가세

원수들이 강하다고 겁을 낼건가 우리들이 약하다고 낙심할 건가 정의의 날쌘칼이 비끼는 곳에 이 길이 너와 나로다 나가 나가 싸우러 나가 나가 나가 싸우러 나가 독립문의 자유종이 울릴때까지 싸우러 나가세

한국사특강 초급편 2

범위: 조선후기 ~ 대한민국
점수: / 20 문제

1. 다음 중 조선 후기 생활 모습으로 옳지 않은 것은?
   ① 모내기, 골뿌림법이 널리 보급되어 농업 생산량이 늘어났다.
   ② 농민들은 소득을 높이기 위해 담배, 인삼, 채소 등 새로운 작물을 재배하였다.
   ③ 전국 곳곳에 장이 서기 시작하고, 상인들이 활발하게 활동하였다.
   ④ 백성들은 주로 물물교환을 통해 필요한 것을 얻었다.

2. [검정기출] 다음 설명에 해당하는 그림으로 옳지 않은 것은?

   > 조선 후기에는 이름 없는 서민 출신의 화가들이 그린 그림이 유행하였다. 그림 속에는 일상생활을 풍요롭게 하고 복을 빌며 출세를 바라는 당시 사람들의 마음이 담겨 있다.

   ①
   ②
   ③
   ④

3. 다음 실학자들의 대화 중 다른 주장을 가진 한 사람을 고르면?
   ① 유형원 : 백성들의 생활이 안정되려면 토지제도부터 바꿔야 해!
   ② 박지원 : 청나라의 문물을 배워서 우리나라 상공업을 발전시켜야 해!
   ③ 이익 : 땅은 농사를 직접 짓는 사람이 가져야지. 농민들에게 땅을 나눠 주자.
   ④ 정약용 : 과학적인 농사 기술을 받아들여서 생산량을 늘리자.

4. 오늘 화성 견학을 온 감돌이의 이동 경로로 바른 것을 고르세요.

   〈 보기 〉
   - 와! 이곳은 화성의 남쪽 정문이야! 성문을 둥글게 감싸는 옹성이 있네. 적을 방어하는 용도인 것 같아.
   - 이 곳은 장군들이 병력을 지휘할 때 올라가는 곳인가 봐. 높은 곳에서 병력을 통솔할 수 있게 2층으로 되어 있네.
   - 여기는 봉화를 피우는 곳인가 봐!

   ① ㄴ → ㅂ → ㄷ
   ② ㄹ → ㅂ → ㄷ
   ③ ㄹ → ㅁ → ㄷ
   ④ ㄱ → ㅁ → ㅂ

5. [검정기출] 다음 사건의 배경으로 적절하지 않은 것은?

> 1862년 경상도 진주에서 몰락한 양반 출신인 유계춘 등을 중심으로 농민들이 봉기하였다.

① 과도한 세금 징수   ② 관리들의 부정부패
③ 백성을 괴롭히는 세도 정치
④ 당백전 발행으로 인한 물가 상승

6. 다음 사진의 인물이 펼쳤던 정책이 아닌 것은?

〈 보기 〉

① 서원을 40여 곳만 남기고 모두 없애버렸다.
② 세도 정치를 폈던 안동김씨를 쫓아냈다.
③ 임진왜란 때 불탄 경복궁을 다시 지었다.
④ 서양 세력과 적극적으로 교류하였다.

7. [검정기출] 조선 후기에 천주교를 금지하는 포고령이 내려진 까닭으로 옳지 않은 것은?

①
양반과 상민이 평등하다고 가르쳤다.

②
토지를 골고루 나누어 갖자고 하였다.

③
남녀의 차별이 없다고 가르쳤다.

④
조상님께 제사를 드리지 않았다.

8. [검정기출] 다음 조약이 체결된 시기를 연표에서 옳게 찾은 것은?

- 조약의 내용 -
- 조선은 자주국이며 일본과 동등한 권리를 가진다.
- 조선은 부산 이외의 두 항구를 20개월 내에 추가로 개항한다.
- 조선의 해안을 일본의 항해자가 자유로이 측량하도록 허가한다.
- 조선의 항구에 머무르는 동안 죄를 지은 일본 사람은 일본의 법에 따라 일본 관리가 심판한다.

조약 체결 장면

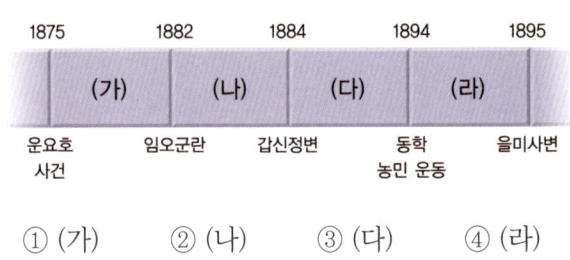

1875	1882	1884	1894	1895
	(가)	(나)	(다)	(라)
운요호 사건	임오군란	갑신정변	동학 농민 운동	을미사변

① (가)   ② (나)   ③ (다)   ④ (라)

9. [검정기출] 다음 자료에 나타난 사건의 결과로 옳은 것은?

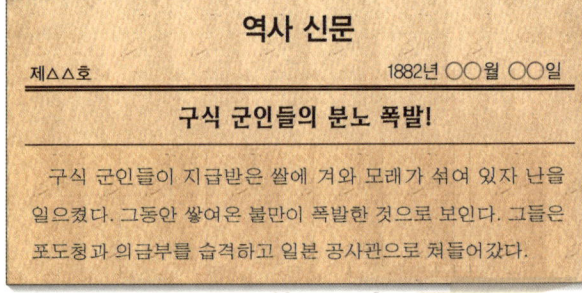

역사 신문
제△△호   1882년 ○○월 ○○일
구식 군인들의 분노 폭발!
구식 군인들이 지급받은 쌀에 겨와 모래가 섞여 있자 난을 일으켰다. 그동안 쌓여온 불만이 폭발한 것으로 보인다. 그들은 포도청과 의금부를 습격하고 일본 공사관으로 쳐들어갔다.

① 명성황후가 시해되었다.
② 강화도 조약이 체결되었다.
③ 청나라의 간섭이 심해졌다.
④ 고종이 러시아 공사관으로 옮겨갔다.

10. 갑신정변이 실패한 까닭이 아닌 것은?

① 청나라 군대의 반격을 받았기 때문에
② 자신들끼리 서로 권력을 차지하려고 다투어서
③ 일본에 의존했으나 일본이 약속을 저버려서
④ 백성들의 지지가 부족해서

11. 동학 농민 운동의 전개 과정을 바르게 연결한 것은?

＜ 보기 ＞
㉠ 고부 농민 봉기   ㉡ 갑오개혁
㉢ 청일 전쟁   ㉣ 전주성 점령
㉤ 우금치 전투

① ㉠-㉣-㉢-㉡-㉤
② ㉠-㉣-㉡-㉢-㉤
③ ㉠-㉤-㉢-㉡-㉣
④ ㉠-㉤-㉡-㉢-㉣

12. 다음은 독립협회의 사진첩을 만들려고 모은 사진입니다. 이 중 사진첩에 들어갈 수 없는 사진은?

①
②
③
④

13. [검정기출] 다음에 해당하는 민족 운동으로 옳은 것은?

- "내 살림 내 것으로"
- "조선 사람 조선 것"
- "우리가 만든 것, 우리가 쓰자."

① 국채 보상 운동   ② 문맹 퇴치 운동
③ 물산 장려 운동   ④ 민립 대학 설립 운동

14. [검정기출] (가)에 들어갈 내용으로 옳은 것은?

① 균역법 제정   ② 대동법 확대
③ 도량형 통일   ④ 과전법 시행

15. 일제가 우리나라를 지배하기 위해 만든 일제강점기 최고의 권력기구는 무엇인가요?

① 동양척식주식회사
② 통감부
③ 조선총독부
④ 대한민국 임시정부

16. 3·1 운동에 대한 설명으로 옳지 않은 것은?

① 1919년 3월 1일 민족대표 33인의 독립선언식으로 시작되었다.
② 학생과 시민들은 탑골 공원에 모여 독립 선언서를 낭독하고 태극기를 흔들며 독립만세 운동을 벌였다.
③ 독립 만세 운동이 전국으로 퍼져 5월 초순까지 계속되었으며, 해외에 사는 동포들도 동참했다.
④ 일제는 3·1 운동을 평화적인 방법을 이용해 해산시키려고 노력하였다.

17. [검정기출] 학생들이 준비하고 있는 역할극의 장면으로 옳지 않은 것은?

① # 장면 ○
3·1 운동에 참여한 청년들

② # 장면 ○
신사 참배를 하고 있는 학생들

③ # 장면 ○
조선어 학회를 결성한 학자들

④ # 장면 ○
봉오동에서 싸우는 독립군

18. [검정기출] 다음 두 인물은 광복 이후 정부 수립에 대해 서로 다른 입장을 가지고 있었다. ㉠에 들어갈 김구의 주장을 20자 이내로 쓰시오.

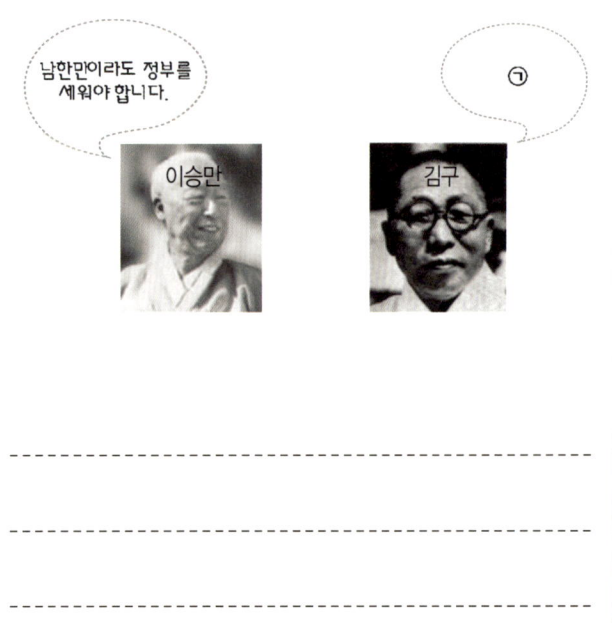

19. [검정기출] (가)에 들어갈 사진으로 옳은 것은?

6·25 전쟁의 전개 과정

북한군 남침으로 전쟁 발발 / (가) / 중국군 참전 개시 / 휴전 협정 체결

①  9·28 서울수복

②  1·4 후퇴

③  미·소 공동위원회 개최

④ 모스크바 3국 외상 회의 개최

20. [검정기출] 광복 이후 우리나라는 민주주의를 발전시키기 위해 많은 노력을 해왔다. (가)에 들어갈 역사적 사전으로 옳은 것은?

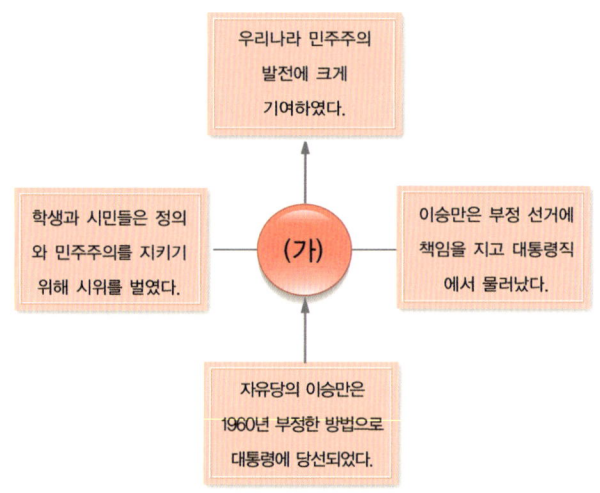

① 4·19 혁명
② 5·16 군사정변
③ 5·18 민주화 운동
④ 6월 민주항쟁

예시답안

01 조선 후기 사회 (3쪽 ~)

25-1. 임진왜란 / 병자호란
25-2. 인구 : 전쟁 이후 416만 명이었던 인구가 152만 명으로 많이 줄어들었다. / 토지 : 전쟁 전 170만 결이었던 토지가 50만 결로 줄어들었다.
25-3. 모내기(법) : 모를 모판에서 미리 키워서 논에 옮겨 심는 방법 / 골뿌림(법) : 고랑과 두둑을 만들어서 고랑에 농작물을 심는 방법
25-4. 보부상 / 상평통보 / 시장(장시) / 농업 생산량의 증가는 상업의 발달을 가져왔고, 상업의 발달은 시장(장시)의 발달을 가져왔으며, 시장의 발달은 보부상의 등장과 화폐 사용을 활발하게 했다.
26-1. 공명첩 / 자유롭게 쓴다.
26-2. 조선 후기 양반의 숫자가 많이 늘어나 신분제가 흔들리기 시작했다.
26-3. (가운데) 세금, 상민 / (왼쪽) 모내기법, 모내기법, 돈, 시장, 화폐, 상평통보 / (오른쪽) 공명첩, 양반, 양반, 신분
27-1. 실생활에 도움이 되는 실용적인 학문
27-2. 자유롭게 밑줄 친다. / 유교가 백성들의 어려운 생활을 해결해주지 못했기 때문이다.
27-3. 정약용 / 박지원 / 김정호 / 자유롭게 자신의 주장을 적어 본다.

정리학습문제 〉1. 자유롭게 설명한다. / 2. ④ / 3. ② / 4. 유교가 백성들의 어려운 생활을 해결해주지 못했기 때문에 / 5. ①

02 조선 후기 문화 (11쪽 ~)

28-1. ② 지구의 ③ 곤여만국전도 ④ 천리경 ⑥ 자명종 ⑧ 〈천주실의〉 / 자유롭게 상상해서 쓴다.
28-2. 왼쪽 : 서학 / 오른쪽 : 동학
29-1. 판소리 : 소리, 대사, 다섯 마당만 전해진다. / 탈놀이 : 탈, 모두 O, / 서민문학 : 한글, 홍길동전이다. / 민화 : 서민
30-1. ① – 세 번째 그림, ② – 여섯 번째 그림, ③ – 네 번째 그림, ④ – 두 번째 그림, ⑤ – 첫 번째 그림, ⑥ – 다섯 번째 그림 / 서민
30-2. 그림을 보고 자유롭게 이야기하며 제목을 붙여 본다. / 김홍도는 서민들의 생활을 주로 그렸으나 신윤복은 여성들의 생활, 도시의 생활상, 양반에 대한 풍자를 그렸다.

그림읽기 〉 자유롭게 이야기를 만들어 본다.

03 조선 후기 정치 (19쪽 ~)

31-1. 같은 뜻을 가진 무리(정치적, 학문적 입장이 같은 정치 집단
31-2. 좋은 점 : 경쟁을 통해 서로의 실력을 키울 수 있다. / 나쁜 점 : 상대 당을 인정하지 않고 험담만 한다.
31-3. 붕당에 관계없이 고르게 등용해서 붕당정치를 없애고자 하는 정책 / 왕권을 강화하기 위해서
31-4. 자유롭게 적어 본다.
32-1. 탕평책, 서얼, 규장각, 백성
32-2. (위에서 시계 방향으로) 장안문(북쪽문), 화홍문(화성 북쪽에 있는 수문), 창룡문(동쪽문), 봉돈(봉화 연기를 피우는 봉수대), 팔달문(남쪽문), 서장대(장수가 군사를 지휘하던 곳), 화서문(서쪽문), 서북공심돈(속이 빈 군사 시설)
33-1. 특정 가문이 권력을 독차지하고 나라 살림을 마음대로 하는 정치
33-2. 조 / 순조-헌종-철종
33-3. 벌떼처럼 떼를 지어 일어나다 / 홍경래의 난 / 진주 농민 봉기

정리학습문제 〉1. 자유롭게 설명한다. / 2. ③ / 3. ② / 4. ① / 5. 세도정치로 인해 살기 힘들어진 백성들이 결국 참지 못하고 농민 봉기를 일으켰다.

04 개화기 (27쪽 ~)

34-1. 고종의 아버지
34-2. 서원 / 경복궁 / 천주교 / 강화도
34-3. 모양이 다른 배 (서양의 배)
34-4. 통상 수교를 요구하였다.
34-5. 통상 수교를 거부한다는 의미의 말을 자유롭게 적어 본다.
35-1. 서양 세력이 일으킨 어지러움이라는 뜻으로, 1866년 병인양요와 1871년 신미양요를 말한다.
35-2. 프랑스, 강화도 / 미국, 강화도
35-3. 자유롭게 적어 본다.
35-4. 운요호 사건
35-5. 제4조 : 일본인이 새로운 문물을 가지고 자유롭게 장사를 하면 우리나라 상인들이 피해를 입음, 제7조 : 일본이 우리 해안을 맘대로 정탐할 수 있었음, 제9조 : 일본인의 장사로 손해를 입어도 보상받을 수 없음, 제10조 : 일본인의 잘못을 처벌할 수 없어 일본인이 우리나라에서 마음대로 행동할 수 있음 / 강화도에서 맺은 조약이기 때문에 / 1876년
36-1. 개화 정책으로 새로 생긴 신식 군대인 별기군에 비해 차별 대우를 받던 구식 군인들이 일으킨 봉기
36-2. 왼쪽이 구식 군인, 오른쪽이 별기군 / 별기군은 총검을 들고 있고, 복장이 달라졌다. 등 자유롭게 찾아 이야기한다.
36-3. 개화파들이 청나라의 간섭을 벗어나 개화 정책을 더 빠르게 추진하기 위해 일으킨 정변
36-4. 임오군란, 청나라 / 우정국, 3 / 청나라, 일본, 지지, 일본

사진읽기 〉 이양선의 등장/ 척화비(병인양요, 신미양요) / 강화도 조약 / 구식 군인(임오군란) / 우정국(갑신정변)

05 서양 세력의 침략 (35쪽 ~)

37-1. 동학교도와 농민들이 합세하여 일으킨 농민 운동
37-2. 고부농민봉기 → 전주성 점령 → 전주 화약 → 청일전쟁 → 우금치 전투
37-3. 가운데 이마에 띠를 두르지 않은 사람 / 그림을 보고 상상해서 적어 본다.
37-4. 김홍집을 중심으로 한 친일 정부가 추진한 조선의 내정 개혁
37-5. 받아들여진 것 : 신분 제도의 폐지, 세금 제도 개혁, 인재 등용 /

예시답안

받아들여지지 않은 것 : 토지 제도의 개혁, 일본인과 몰래 통하는 자는 엄벌 / 갑오개혁이 일본의 간섭 아래 추진되었기 때문에

38-1. 을미사변 – 첫 번째 설명 / 아관파천 – 세 번째 설명 / 독립협회 – 두 번째 설명 / 을미사변 → 아관파천 → 독립협회

38-2. ② 독립문 건립 / ③ 만민공동회 / ④ 독립신문 간행

39-1. ○, ○, ○ / △, △, △

39-2. **1** 전기 / **2** 전화 / **3** 기차 / **4** 전차

39-3. 원산학사 / 육영공원 / 개신교 선교사

39-4. 모두 다 다닐 수 있다.

39-5. 유교 경전

정리학습문제 〉1. 자유롭게 설명한다. / 2. ① / 3. 일본의 간섭 아래 추진되었기 때문이다. / 4. ② / 5. ②

06 일본의 침략 (43쪽 ~)

40-1. 1905년 일본이 한국의 외교권을 박탈하기 위해 강제로 체결한 조약

40-2. 다섯째 줄 – 군대를 이끌고 / 일곱째 줄부터 여덟째 줄 / 열째 줄 – 도장을 빼앗아 / 열한번째 줄

40-3. 기사 내용에 어울리도록 스스로 지어 본다.

41-1. 의병 : 일본의 침략에 저항하여 백성들이 자발적으로 일으킨 군대 / 의거 : 정의를 위하여 개인이나 집단이 의로운 일을 도모하는 것

41-2. 을미의병 : 을미사변, 단발령 / 을사의병 : 을사조약 / 정미의병 : 의병의 전투력 향상

41-3. 차이점 : 정미의병이 총을 들고 자세를 취하고 있고, 군복을 입고 있는 사람도 있다. / 해산된 대한제국의 군인들이 의병으로 합류하였기 때문에

41-4. 안중근 / 이토 히로부미

42-1. 민족의 힘과 실력을 키워 우리나라의 독립을 지키자는 운동

42-2. 애국 계몽 운동

42-3. 자유롭게 만들어 본다.

사진읽기 동학 농민 운동 / 건천궁(을미사변) / 대성학교(애국 계몽 운동) / 러시아공사관(아관파천) / 독립문(독립협회) / 을사조약

07 일제강점기 (51쪽 ~)

43-1. 조선 총독부

43-2. 일제는 헌병을 각지에 배치하고 우리 민족을 위협하고 감시하는 무단 통치를 실시하였다.

43-3. 자유롭게 상상해서 적어 본다.

43-4. 일본이 한국의 식민지적인 토지 제도를 확립하기 위해 1910년부터 1918년까지 실시한 대규모 조사사업

43-5. ○ / X / ○ / ○

43-6. 일제가 늘어난 생산량보다 더 많은 양의 쌀을 일본으로 가져갔기 때문에

44-1. 일제의 강압적인 무단 통치에 반발하여 1919년 3월 1일 전국적으로 일어난 만세 시위 운동

44-2. 대한민국 임시정부

44-3. 감정을 담아 읽어 본다.

44-4. 물산장려운동 – 첫 번째 그림, 농촌 계몽운동 – 두 번째 그림

44-5. 한글 연구 – 조선어 학회 / 역사 연구 – 신채호, 박은식 / 문화 예술계 – 손기정, 나운규, 한용운 등

45-1. 홍범도, 봉오동 전투 / 김좌진, 청산리 대첩

45-2. 일본의 주요 인물을 암살하려는 목적으로 조직되었다.

45-3. 이봉창, 자유롭게 적어 본다. / 윤봉길, 자유롭게 적어 본다.

정리학습문제 〉1. 자유롭게 설명한다. / 2. ④ / 3. 효과적인 독립운동 전개를 위해 상해에 대한민국 임시정부를 수립했다. / 4. 김구 – 한인애국단, 홍범도 – 봉오동 전투, 김좌진 – 청산리 대첩 / 5. ③

08 대한민국 (59쪽 ~)

46-1. 자유롭게 상상해서 적어 본다.

46-2. 남 : 미국 / 북 : 소련 / 미국 중심의 자유 진영과 소련 중심의 공산 진영의 경쟁이 심해지면서 미국과 소련이 각각 자기 나라에 우호적인 정부를 세우고자 했기 때문에 / 남쪽엔 미군에 우호적인 정부가, 북쪽엔 소련군에 우호적인 정부가 들어서면서 남한과 북한으로 나누어지게 되었다.

46-3. 반대, 찬성 / 남한 / 대한민국 헌법 / 대한민국

46-4. 자유롭게 자신의 의견을 말해 본다.

47-1. 6월 25일에 일어났기 때문에 / 1950년 6월 25일 북한이 남한을 무력으로 통일하기 위해 38도선을 넘어 침략함으로써 일어난 한국에서의 전쟁

47-2. ② → ④ → ① → ⑤ → ⑥ → ③

47-3. **1** ○ / **2** □ / **3** △ / **4** □

48-1. 국민이 주인이 되어 국민을 위해 정치가 이루어지는 제도

48-2. 자유롭게 적어 본다.

종합평가문제 〉1. ④ / 2. ② / 3. ② / 4. ③ / 5. ④ / 6. ④ / 7. ② / 8. ① / 9. ③ / 10. ② / 11. ① / 12. ③ / 13. ③ / 14. ③ / 15. ③ / 16. ④ / 17. ② / 18. 남북한 통일 정부를 세워야 합니다. / 19. ① / 20. ①